AF258685

QUE FAIT-ON DE LA FRANCE ?

OU ALLONS-NOUS ?

SEPTEMBRE, OCTOBRE, NOVEMBRE, DÉCEMBRE 1870

Il est des circonstances exceptionnelles dans la vie des peuples, où ils sont saisis de vertige, agités par les factions.
(Moniteur du 29 oct. 1861.)

Oncques ne faut cesser de guerroyer à l'encontre des choses justes et pertinentes.
RABELAIS.

Par le Cte D.

GENÈVE

IMPRIMERIE CHANARD & Cie

1871

QUE FAIT-ON DE LA FRANCE ?

OU ALLONS-NOUS ?

SEPTEMBRE, OCTOBRE, NOVEMBRE, DÉCEMBRE 1870

Il est des circonstances exceptionnelles dans la vie des peuples, où ils sont saisis de vertige, agités par les factions.
(Moniteur du 29 oct. 1861.)

Oncques ne faut cesser de guerroyer à l'encontre des choses justes et pertinentes.
RABELAIS.

Par le Cte D.

GENÈVE

IMPRIMERIE CHANARD & Cie

—

1871

UN MOT AU LECTEUR

Ces lignes étaient d'abord destinées à paraître, en Novembre dernier, dans un journal de Lyon; mais leur étendue, la nouveauté et la hardiesse surtout des idées exprimées les firent refuser.

L'auteur se décida alors à agrandir son cadre et à faire cette brochure dont il proposa le manuscrit successivement à deux imprimeurs de son département, puis à un imprimeur de Lyon. Quoique seul responsable par sa signature, il vit de la crainte chez l'un, de l'hésitation chez l'autre, et chez tous peu de confiance en la liberté actuelle de la presse. Ce fut pour lui une preuve de plus de la faiblesse et de la pusillanimité qui, depuis trop longtemps domine les honnêtes gens en France. En effet, les théories les plus éhontées et les plus subversives peuvent impunément et dans les formes les plus violentes se montrer au grand jour, tandis que les idées sages, légalement et loyalement émises, si elles attaquent la révolution, le socialisme ou même le terrorisme, et surtout les pouvoirs usurpateurs, ont chance d'être poursuivies, de faire briser les presses qui les éditent et, souvent même, maltraiter les auteurs et les éditeurs. L'auteur subit donc en partie cette faiblesse et, obligé d'avoir recours aux presses étrangères, il se décide, bien à contre-cœur, à garder un anonyme qui n'est ni dans ses habitudes ni dans sa nature; mais qui, en réalité, n'en sera un que vis-à-vis les gens qui ne respectent rien, même la liberté de parler et d'écrire. La plupart de ses lecteurs savent assez, cependant, que sa devise restera toujours:

JAMAIS ARRIÈRE !

QUE FAIT-ON DE LA FRANCE?

OU ALLONS-NOUS?

Avec un Gouvernement issu du suffrage universel, ou une Assemblée constituante, représentant réellement la France, il serait injuste, ou tout au moins inopportun de critiquer des fautes ou des irrégularités inhérentes à tout début, et en quelque sorte excusables au milieu des difficultés qui naissent de nos malheurs.

Mais vis-à-vis l'obstination que nos gouvernants, sortis d'un coup de main Parisien, paraissent mettre depuis quatre mois, à ne pas consulter le pays, en présence surtout de leur faiblesse, du désordre qui résulte d'une pareille organisation, et des craintes que laisse entrevoir l'avenir, il nous est bien permis de nous demander : *où allons-nous ?* et de quel droit les députés de Paris persistent à imposer à la France un Gouvernement, séparé en deux fractions par les armées ennemies, que celles-ci refusent de reconnaître, et sur lequel repose la lourde responsabilité des événements qui nous menacent. Il y a quelques jours à peine, la fraction parisienne de ce gouvernement provisoire a été vaincue, emprisonnée, et la capitale de la France, qui s'arroge le droit de nous donner alternativement despotisme et république, a été sur le point de subir la tyrannie d'une poignée de factieux. Ils ont échoué hier, ils peuvent triompher demain. Après cette révolutionnaire et odieuse manifestation, la fraction du gouvernement de la défense a compris la nécessité de retremper sa force et son autorité de circonstance dans le suffrage universel. Quant à la fraction siégeant aujourd'hui à Tours puis à Bordeaux, et qui gouverne la France, elle est toujours dans la même position précaire et illégale. Elle subit la fâcheuse influence des partis extrêmes, contracte des emprunts onéreux, que la fraction de Paris déclare inopportuns, décrète des impôts, fait des nominations intempestives, déplorables, et non reconnues à l'étranger, elle voit son autorité méconnue même dans une partie de la France. En effet, le Midi était naguère en pleine révolte; à Alger, à Perpignan, à Toulouse, à Grenoble et ailleurs, d'honorables généraux ou fonctionnaires, promus régulièrement sont destitués, remplacés, arrêtés, et quelquefois même attaqués par une poignée de factieux, ayant à leur tête des aventuriers déjà chassés pour crimes semblables restés impunis. Dans nos principales villes de province, le drapeau rouge ou le drapeau noir vient remplacer le drapeau de la France. On nomme des généraux qui sont révoqués le lendemain, et en quelques jours des individus passent des grades subalternes à ceux de colonel, et de généraux de division (¹), sans suivre la filière et les règlements militaires. Des Préfets, plus autoritaires cent fois que les Préfets à poigne de l'Empire, portent la terreur dans le pays; après s'être débarrassés arbitrairement du Conseil Général et de certains Conseils Municipaux, élus du suffrage universel, où les avoir remplacés par leurs créatures, souvent même agissant seuls et isolément dans la plénitude de leur volonté, ils décrètent des lois et impôts arbitraires sans souci du vieux principe : *Lex fit consensu populi*, et autorisent des réquisitions à la prussienne, même dans les départements voisins, concentrant dans leurs mains tous les pouvoirs civils et militaires, législatifs et exécutifs (²). Ils se permettent même, comme ceux de Lyon, de St-Etienne, et bien d'autres, de toucher à l'enseignement, de faire fermer les colléges et les écoles tenues par des prêtres ou par des religieuses, d'interdire à leurs écoles laïques tout enseignement religieux. Et cependant, Monsieur Jules Simon, ministre de l'Instruction publique et des cultes, dit cependant dans sa circulaire du 29 novembre. « Le Gouvernement de la dé- « fense nationale, n'a pas crû devoir user de la puissance

(¹) Voir la note 1, p. 32.
(²) Voyez la note 2, p. 33.

« qu'il a entre les mains, pour réaliser la forme de l'en-
« seignement, il faut pour une telle œuvre, la majesté de
« la loi, le concours de toutes les volontés, la solennité
« d'une discussion à la tribune nationale. »

Les arts, les souvenirs historiques même, qui forment
le patrimoine glorieux d'une nation, ne trouvent pas grâce
devant ces nouveaux Pachas, et à Lyon comme à Grenoble on ne se contente plus de ces grattages qui dété-
riorent nos monuments, on abat les statues de Napoléon
Ier, qui savait si bien battre les Prussiens; sans doute ce
sera bientôt le tour des autres illustrations de la France.
Peu soucieux d'être conséquents avec eux-mêmes, ces
gens-là refusent aux enfants une part de l'héritage de
vertus et de gloire de leurs pères, et ils voudraient rendre d'illustres aïeux responsables des crimes de leurs
descendants. Malheur au fils qui laisse flétrir la mémoire
de son père! Malheur à la génération qui laisse profaner
les monuments et les tombeaux des générations qui l'ont
précédée!

Les Conseils de révision, dont la mission sacrée exige
une si grande indépendance et une non moins grande justice, sont formés d'éléments locaux. Un médecin de campagne opère seul au centre de sa clientèle.

Aussi presque partout ces opérations faites avec par-
tialité soulèvent-elles de nombreuses réclamations, plus
tard elles donneront certainement lieu à des recours en
responsabilité, que le patriotisme seul a pour le moment
ajournés. Dans leur présomptueuse ignorance des choses
militaires, ces avocats ou ces hommes de lettres devenus
Préfets ou Sous-Préfets, oubliant que ce n'est pas le nombre mais la qualité des hommes qui fait les armées, expé-
dient de pauvres jeunes gens qui ne supporteront pas trois
journées de marche et bientôt encombreront nos hôpitaux.
Et tandis que quelques jeunes Maires, garçons, se croyant
indispensables à l'administration de leur petite commune,
sont maintenus ou nommés arbitrairement dans ces sinécures, nos fils uniques de veuves septuagénaires et nos
soutiens de famille sont impitoyablement enrôlés. Que
penser d'un pareil état de choses, qui en haut comme en
bas, des membres du Gouvernement de la défense aux

derniers fonctionnaires, n'offre ni garantie ni responsabilité, ni contrôle? Peut-on concevoir une nation de 40 millions d'habitants, gouvernée ainsi, et laissant sa politique,
ses finances, ses armées et son administration intérieure,
aux mains de gens non responsables et non contrôlés?
« Or rien ne remplace le sentiment de la responsabilité,
« ni les bonnes intentions, ni même le génie; dans la res-
« ponsabilité réside la seule sauvegarde contre les folies
« d'une activité sans frein et contre l'incurie; savoir qu'on
« vit sans cesse sous l'œil des autres et qu'on aura des
« comptes à rendre, est ce qu'il a de plus propre à ins-
« pirer la pensée du bien et le courage de le faire, comme
« à réprimer les tentations dangereuses. » (¹)

La République prend pour devise : *Liberté, Egalité,
Fraternité*. Cette devise devient aussi vraie que celle
l'*Empire c'est la paix!* *Liberté*, et l'on emprisonne et l'on
chasse les jésuites et les prêtres, les Frères des Ecoles,
qui donnent à nos enfants, aux meilleures conditions pos-
sibles, une bonne éducation et une solide instruction. On
chasse les religieuses, hospitalières mêmes; on ferme les
salles d'asile, on s'empare des biens et des fondations faites
dans cet unique but. On fait des églises, des séminaires
et des couvents des entrepôts et des casernes, laissant à
leurs tristes et honteuses destinations les salles de bals
et les plus ignobles bastringues, comme la salle Valentino
à Lyon où se perpètrent les crimes les plus odieux, les
émeutes et les assassinats. *Liberté*, et on ne peut plus
faire un pas sans un sauf-conduit, signé parfois de gens
qui n'en eussent pû obtenir il y a quelques mois. Les
journaux sont saisis, supprimés et les presses brisées.
Très-peu osent parler en faveur de l'ordre et de la léga-
lité et encore moins contrôler les actes du pouvoir. La
Liberté! serait-ce le droit qu'on laisse à d'ignobles spé-
culateurs d'exposer aux regards de nos femmes et de nos
enfants les plus dégoûtantes caricatures, les pamphlets
les plus immondes, dans lesquels on attaque l'Impératrice,
non la souveraine déchue, qui peut avoir sa part de responsabilité, mais la femme, comme si l'on voulait nous

(¹) Ces belles et sages paroles sont de M. Challemel-Lacour.
(*Revue des deux Mondes*, 15 Février 1870, p. 971.)

prouver une fois de plus que les révolutions enfantent des êtres dégradés, qui se plongent aussi bas dans l'insulte, qu'ils le faisaient dans la servilité.

Egalité : elle n'existe même plus devant la loi : certaines autorités, pour éviter à leurs parents et à leurs amis la mobile ou la mobilisation, placent les uns Sous-Préfets ou secrétaires de Préfets, comme les deux neveux d'un membre influent de la commune de Lyon, d'autres substituts ou procureurs, de jeunes avocats sans cause. On invente même des sinécures, comme par exemple, *membre du Conseil de défense*, que quelques journaux appellent non sans raison *Conseil de démence*, vu les mesures ridicules et arbitraires qui émanent de leur complète incapacité et qui ont amené enfin le gouvernement à les supprimer; mais il était trop tard, des millions avaient été dépensés en pure perte; des ponts coupés, des routes minées et obstruées par des rochers, même dans des pays de montagnes où jamais l'ennemi n'oserait s'aventurer. (¹) On exempte donc ainsi ses neveux ou ses amis du devoir rigoureux et indispensable de la défense de son pays.

Egalité! Et l'on pardonne à ceux qui à mains armées et au nom d'une république plus colorée, c'est-à-dire plus franche, viennent attaquer, emprisonner et souvent blesser les membres du Gouvernement ou les fonctionnaires régulièrement nommés, et si quelqu'un criait VIVE LE ROI, alors que la France n'a pas encore proclamé la République, il serait bel et bien traité en factieux, poursuivi et emprisonné. *Egalité!* Et pour occuper les places de Sous-Préfet et de Préfet, de substitut et de procureur, de Juge de paix même, vous ne consultez ni les droits acquis ni les aptitudes, vous ne tenez compte ni des longs services ni des spécialités; être républicain de la veille, voilà tout ce que vous exigez. Aussi à de rares exceptions près et qui sans doute ont échappé à votre ostracisme, vous avez désorganisé l'administration et la justice, vous l'avez surtout déconsidérée.

Egalité! Les démocrates rient beaucoup des vieilles traditions monarchiques d'autrefois, qui faisaient, d'un prince en naissant, un général ou un amiral. Si la chose

(¹) Voyez la note 3, p. 33.

était ridicule, tout au moins elle n'était pas dangereuse pour le pays. Aujourd'hui que voyons-nous? MM. Lissaragay, Bordone, Perrinet et tant d'autres, transformés en généraux de division ou de brigade, sans avoir jamais été seulement caporal. Nos braves mobiles ou mobilisés sont confiés à ces stratégistes improvisés, auxquels on ne demande que d'avoir été quelque peu condamnés politiques, et quelques fois correctionnels, transportés ou tout au moins républicains de la veille. *Egalité!* et l'autorité laisse impunément une poignée de repris de justice arborer le drapeau rouge et le promener dans des villes, comme Lyon, Marseille et St-Etienne, arrêter même un capitaine du génie qui ne veut reconnaître que le drapeau de la France, et si un citoyen se permettait de dire qu'il votera pour revenir à la vieille monarchie française, il serait sévèrement arrêté et condamné, si déjà des furieux ne l'avaient massacré au nom de la Liberté et du suffrage universel. *Voilà l'Egalité!*

Quant à la Fraternité, nous savons ce qu'elle est sous tous les régimes, elle ne peut exister qu'avec le sentiment chrétien et tous les jours nous nous en écartons. Nos gouvernants veulent supprimer l'enseignement religieux dans les écoles, et cependant la pratique sincère du christianisme peut seule assurer la vérité de ces maximes. Le christianisme enseigne le respect de la propriété, *tu ne déroberas pas.* Il maintient l'idée de *liberté;* car il condamne l'emploi de la force et de la violence et il enseigne que l'homme est libre de faire le bien et le mal; mais en lui recommandant *de ne pas faire à autrui ce qu'il ne voudrait pas qu'on lui fit.* Il ordonne le respect des droits de chacun en disant : *Rendez à César ce qui est à César et à Dieu ce qui est à Dieu.*

Il prononce *l'Egalité;* car il dit : *Tous les hommes sont frères.* Enfin il a fondé la *Fraternité* en disant : *Aimez-vous les uns et les autres.*

Prendre la place et souvent même la fortune de son voisin, voilà la *fraternité* de l'école moderne. Telle est la peinture vraie de notre situation.

Ai-je eu tort de dire, en commençant : *Où allons-nous?* et *Que fait-on en France?* Nous marchons à l'anarchie,

à la ruine de notre commerce et à la guerre civile. (¹)
Voilà comment un journal républicain, le *New-York-Herald*, s'exprime à notre sujet : « Le chaos qui succéda au
« renversement de l'empire romain, celui qui suivit la
« mort de Charlemagne, et celui qui résulta de la mort de
« Napoléon Iᵉʳ, ne donne qu'une faible idée de la situa-
« tion actuelle de la France. Si Jules Favre eût été plus
« homme d'Etat, et moins rêveur, la France aurait pu être
« républicaine, mais dorénavant la république est impos-
« sible. »

L'homme de Sedan n'est pas le seul coupable, s'il est
le principal : il a ajouté aux défauts de la nation, et il a
mis en évidence tous ses vices. Il a trouvé la France cor-
rompue, sceptique et matérialiste ; il l'a gouvernée par la
corruption, le mensonge et les jouissances matérielles.
Panem et Circences ! C'est la devise du Bas-Empire. Il lui
a donné un bien-être et une prospérité factices ; il l'a bercée
et endormie avec des illusions et des hochets, ruinée par
un luxe apparent, et par ses propres et personnelles dilapidations. Il l'a enlacée dans un réseau de centralisation
administrative et politique si perversement conçu, que,
depuis quatre mois, la France se débat dans son impuis-
sance. Pour en sortir, nos gouvernants se jettent, comme
toujours, dans les excès contraires, et à force de vouloir
supprimer la centralisation et simplifier les rouages, ils
se dispensent de toute régularité, mettent de côté tout
contrôle, et l'arbitraire le plus éhonté préside aux mesures
les plus graves et s'associe aux plus folles et aux plus
inutiles dépenses. Les fournitures de l'armée, les marchés
de tout genre, les travaux pour la défense du pays sont
donnés et dirigés par des gens inexpérimentés, sans souci
des plus élémentaires formalités et des plus simples ga-
ranties. Aussi nos mobilisés sont équipés d'une manière
déplorable : les draps de leurs vareuses et de leurs pan-
talons sont des étoffes de doublure qui ne pourront sup-
porter ni la pluie, ni un mois de campagne.

La plupart sont mal chaussés, pourvus d'armes de pacotille, dont la portée n'excède pas trois à quatre cent
mètres ; armes achetées trente à trente-cinq francs par nos

(¹) Voir la note 4, p. 34.

comités départementaux, en Suisse, en Angleterre et ailleurs, provenant en partie du matériel réformé il y a quelques années, et vendues alors deux à trois francs pièce (¹).
Voilà l'usage que l'on fait des sommes énormes exigées
de nos communes, dont les budgets, pour longtemps encore, seront grévés de dettes, votées le plus souvent par
des commissions composées arbitrairement de gens qui
ne possèdent rien. Les provinces, dont la vitalité est cependant encore grande, sont sans énergie, sans initia-
tive; les classes intelligentes flottent entre une adhésion
à la République, pleine d'arrière-pensées et une résis-
tance dépourvue d'énergie, et partout une infime minorité
dicte ses lois, impose arbitrairement des sommes folles,
qui sont dépensées plus follement encore, et dont proba-
blement, comme en 1848, il ne restera ni justification ni
comptes réguliers. Hélas! les révolutions se succèdent et
se ressemblent, et l'expérience du passé n'apporte jamais
un enseignement à l'avenir. Un homme d'Etat éminent de
l'Angleterre, sir George Cornwal Lewis, écrivait, dans les
premières journées de 1848 : « Ma pensée est que nous
« allons voir en France, pendant quelque temps, à la tête
« des affaires, une suite d'hommes sans politique ni sys-
« tème arrêté, vivant d'expédients au jour le jour, tantôt
« abattant l'anarchie par la force, tantôt apaisant la foule
« par de mauvaises concessions. »
N'est-ce pas la peinture exacte de ce qui se passe aujourd'hui, avec la circonstance si aggravante que la France
est aux deux tiers envahie, et qu'il serait grand temps
d'avoir *une politique fixe, un système arrêté*, et de ne plus
vivre d'expédients au jour le jour?
Je sais bien que je vais m'attirer une tempête, peut-
être même me faire poursuivre au nom de cette liberté de
la presse, pour laquelle nous faisons la quatrième ou cin-
quième révolution. Mais qu'importe! Qui ne sait qu'il est
plus facile en France de renverser un trône que de déra-
ciner un abus administratif. Quand le feu est à la maison,
le mauvais citoyen, l'alarmiste n'est pas, que je sache,
celui qui crie au feu, mais bien celui qui ferme les yeux
pour ne pas voir et pour ne pas faire la chaîne. Faudra-

(¹) Voir la note 5, p. 35.

t-il donc toujours nous nourrir de vanteries et de fausses
doctrines, et n'aurons-nous jamais le courage d'entendre
la vérité? Sans doute il est doux de s'endormir sur le mol
oreiller de l'indifférence ou de l'illusion; mais le réveil
est souvent bien terrible. et, depuis quatre mois, nous
tombons ainsi de déceptions en déceptions.

Donc plus d'illusions, et qu'il se trouve en France des
citoyens osant dire la vérité, et prouvant par là que la
liberté est bonne et utile malgré ses écarts. Mais le re-
mède, me dira-t-on! car la critique est facile, et si elle
ne devait servir qu'à décourager, elle serait un crime. J'en
conviens; aussi loin de vouloir décourager, je dirai avec
M. Gambetta, le seul homme du gouvernement auquel je
reconnaisse du courage et de la décision [1] :

« *Elevons nos cœurs,* » mais non vers des chimères que
nous caressons chaque jour et que nous détruisons le lendemain, non par des bulletins faisant naître de vaines et
trompeuses espérances, ou par des proclamations au style
prétentieux [2], les uns annonçant pompeusement la prise
de quatre uhlans, les autres des mesures inexécutables,
comme les levées en masse sans fusils et les camps de
60,000 hommes au mois de décembre; bulletins et proclamations dont le seul effet est de porter le trouble et la
perturbation dans le pays et de nous rendre ridicules aux
yeux de l'Europe. Peut-on comprendre qu'une nation, aux
prises avec une armée de 7 à 800,000 hommes, qui oc-
cupent presque la moitié de son territoire, se trouve di-
rigée par trois ministres de la guerre, un bloqué dans
Paris, un autre hier à Tours et demain à Bordeaux, et
le troisième, l'universel Gambetta, aux armées? Faut-il
s'étonner si la devise actuelle du gouvernement soit :
Ordre, contr'ordre et désordre, si nos généraux blessés
dans leur dignité, contrecarrés dans leurs opérations,
trompés par de fausses nouvelles, sans vivres ni munitions,
renoncent, les uns après les autres, à servir d'instruments

[1] Encore faut-il s'entendre; car le vrai et utile courage doit
être calme et non fiévreux, et la décision ne doit pas dégénérer
en folle présomption.

[2] Un journal du 8 Décembre dit avec raison : « Chaque fois qu'il
« nous vient de Tours une proclamation emphatique et exagérée
« on est sûr qu'un malheur suit de près. »

à ces avocats stratégistes et à comprometttre non-seulement leur vieille réputation militaire, mais encore l'honneur et le salut de la France ?

Elevons nos cœurs vers Dieu d'abord, qui dispose de
l'esprit des peuples, se joue des projets des rois, et brise
de son souffle puissant les affaires les mieux conçues.
Prions Dieu, qui protégea toujours la France ; et au lieu
de lui faire une guerre insensée, de profaner ses temples,
de violenter et de dépouiller ses fidèles et ses ministres,
implorons-le, et que les chefs donnent l'exemple au peuple. Reconnaissons enfin que sa main seule nous châtie et
que lui seul a la puissance de réduire ainsi la France, en
quatre mois, à de pareilles extrémités. Lui seul a pu, en
les abandonnant à eux-mêmes, laisser nos généraux dans
un aveuglement, dans une incurie, et même, peut-être,
dans un oubli de tout patriotisme qui, autrement, devient
inexplicable. Dieu seul, dans sa colère, a pu enlever un
moment à nos soldats ce brillant prestige qui en faisaient
les premiers soldats du monde ! Lui seul peut permettre
que dans cette belle France, qui fut toujours la pépinière
des illustrations militaires et civiles, il ne se trouve plus
ni un général, ni un homme politique, ni un administrateur. Cette fatale guerre elle-même, déclarée à la Prusse,
n'est-elle pas une de ces résolutions aveugles que la Pro-
vidence ne laisse prendre qu'à ceux qu'elle veut, sinon
perdre, au moins châtier ! Cet empereur qui tenait entre
ses mains les destinées de l'Europe, et qui, le lendemain
d'un plébiscite destiné à assurer sa dynastie, s'en va, sous
un prétexte ridicule, et sans même s'assurer de l'état militaire de la France, déclarer la guerre à un voisin dont
lui-même a créé la puissance par sa folle guerre d'Italie,
n'est-il pas victime d'un aveuglement que la justice cé-
leste peut seule expliquer ? Et l'unité allemande n'est-elle
pas fille de l'unité italienne ? Bien aveugle qui ne voit pas
là la main de Dieu ! Serait-ce moins humiliant pour nous
d'y trouver un amoindrissement, une sorte de décadence
morale de notre pays ? Prenons donc pour devise sur notre
drapeau et pour cri de guerre : *Pour Dieu et pour la
France !* devise déjà adoptée par nos vaillants Bretons, par
leurs braves chefs Charrette et Cathelineau, et déjà la
victoire récompense leur bravoure.

Renvoyons chez eux ces cohortes étrangères, garibaldiennes ou autres, dont les costumes prétentieux paradent plus souvent dans nos villes que devant l'ennemi, dont les États-Majors coûtent des sommes folles, et dont les principaux exploits ont été jusqu'ici la prise des couvents, des séminaires et des églises, auxquels se joignent naturellement quelques assassinats et pas mal de vols. Ces condottieri, dont quelques-uns ont tiré, en Italie, sur le drapeau et sur les soldats français, dont l'Italie elle-même s'est débarrassée avec bonheur à nos dépens. Nos journaux, je parle de la presse qui se respecte (¹), sont unanimes à ce sujet, et nos gouvernants montrent, par leur silence, le regret qu'ils éprouvent d'avoir fait cette concession à l'opinion avancée. Seuls, quelques folliculaires de bas-étage trouvent encore quelques éloges pour ces aventuriers, et dans ces feuilles où, il y a quelques mois à peine, ces mêmes hommes portant au cou le collier mercenaire des annonces ou des subventions, se traînaient à la remorque des préfets et des sous-préfets, et dans les cabarets de nos campagnes fondaient la popularité de l'empire et glorifiaient le gouvernement personnel; ces mêmes hommes, trempant leurs plumes dans une autre boue, font des dithyrambes sur les succès imaginaires de Garibaldi et sur la république universelle. Faut-il donc, remontant les siècles, prendre à notre solde, et livrer notre pays à ces déclassés, à ces esprits remuants, dont les déprédations semblent rivaliser avec celles de nos ennemis? La France manque-t-elle d'hommes? Déjà plusieurs de nos généraux ont été sacrifiés à la jalouse et ridicule omnipotence du héros fugitif de Mentana, qui ne reculant devant aucun mensonge, ose même rejeter sur nos braves mobiles et francs-tireurs, qu'on a eu l'imprudence de lui confier, ses fautes et ses défaites! Renvoyons donc bien vite ces étrangers.

Assez de honte à Sedan et à Metz! n'allons pas volontairement au-devant d'une honte nouvelle. Et d'ailleurs, qui ne reconnaît dans ces bandes indisciplinées l'armée de l'*Internationale*, qui vient organiser aux frais de la France la république universelle et la destruction de tout

(¹) Voir la note 6, p. 36.

culte religieux? Comment ne pas apercevoir la main de Mazzini et les instincts sataniques de la révolution cosmopolite? Et comment alors espérer que les puissances européennes voudront enfin s'interposer entre notre malheureux pays et ce torrent dévastateur qui menace de l'engloutir!

Maintenant, le plus pressé est de régulariser notre position par les élections municipales et départementales d'abord, et par celles d'une Assemblée Nationale. Avec ou sans armistice il faut de suite y procéder, car cette assemblée seule représentera vraiment la France, et seule elle aura qualité pour traiter d'une paix honorable ou poursuivre une guerre à outrance. Et dans ce cas au moins, les mesures qui seront prises, les impôts qui seront votés auront un caractère légal, régulier : *lex fit consensu populi*, et nul ne pourra s'y soustraire ni s'en plaindre; nos ennemis auront en face d'eux une nation légalement représentée. Songeons que chaque jour de retard est une perte énorme pour la France. L'Angleterre voit affluer chez elle tous les capitaux qui autrefois s'accumulaient à Paris; elle nous vend très-cher des armes, des engins de pacotille; elle exporte en masse sur le continent, et pendant que nos industries chôment, ses produits vont encombrer tous les entrepôts de l'univers et prendre partout la place des nôtres.

Continuer la guerre au milieu du désordre et de l'absence de tout gouvernement régulier c'est achever la ruine du pays, exposer Paris et Lyon à un bombardement certain; c'est vouloir perdre volontairement des centaines de milliards et se trouver ensuite dans une position irrémédiable. En effet, admettons un instant, ce qu'à Dieu ne plaise, mais ce qui cependant peut et doit se prévoir, admettons que Paris soit pris par famine ou par bombardement, que l'armée de la Loire éprouve un échec grave [1], nous le demandons, dans cette extrêmité de la patrie qui voudra prendre la responsabilité de ce qui restera à

[1] Ces lignes étaient écrites, lorsque, au moment de les adresser à l'impression, nous apprenons la triste nouvelle d'un premier échec à Orléans et à Amiens, et quelques jours après la translation du Gouvernement de Tours à Bordeaux.

faire! Le gouvernement de Tours, fraction isolée de celui de Paris, qui peut se trouver lui-même prisonnier, aura-t-il l'autorité nécessaire, la puissance voulue pour agir et prendre une détermination pour sauver la France du pillage et d'un massacre général? Et dans ce cas même serait-il reconnu par nos ennemis? Comment le gouvernement de la défense ose-t-il assumer sur lui une pareille responsabilité? Croit-il ainsi fonder et assurer d'une manière sérieuse la République? Et faut-il croire qu'avec un de ses proconsuls qui a osé l'imprimer, il pense aussi lui-même *que la France doit périr plutôt que la République?* (Le Préfet Duportal).

La Chambre nommée par le pays ne représenterait-elle pas plus sérieusement la République française que les quelques députés installés en un jour de trouble et de perturbation générale? Il n'est pas douteux que la Constitution d'un gouvernement légal peut seule couper court aux objections de la Prusse et aux hésitations des puissances neutres.

La France d'ailleurs est seule juge dans sa propre cause et jamais cause ne fut plus grande, plus importante. Pourquoi donc ne pas vouloir la consulter? Est-ce ainsi que les hommes qui ont voulu le suffrage universel le comprennent? Si la France veut la guerre à tout prix, elle enverra à l'Assemblée les partisans de la guerre. Si elle veut une paix honorable, mais la paix, elle saura bien trouver les hommes qui représentent ses idées et qui sont plus que tous autres jaloux de son honneur. En vain me dira-t-on: Les élections peuvent agiter le pays et en tout cas le préoccuper assez pour paralyser l'action de la défense qui doit concentrer toutes nos forces, occuper tous nos instants. Vaines objections en présence des graves motifs qui nécessitent les élections. Huit jours ont suffi pour le plébiscite et huit jours peuvent suffire pour préparer les élections. Un seul jour, un dimanche et dans chaque commune on peut voter dans trois urnes, pour le Conseil municipal, pour le Conseil général et enfin pour les députés. On l'a fait dernièrement pour les Conseils départementaux et d'arr   ment et l'opération a réussi. Plus le temps sera   1 y aura de cabales et de perturbations. Mais mettons encore que des élections soient non impossibles mais difficiles, et que l'agitation électorale puisse entraver la défense, reste un autre moyen d'en appeler au pays et d'avoir une assemblée qui le représente régulièrement au moins pour le temps de la guerre.

Ce moyen, c'est d'appeler dans chaque département les deux Conseillers Généraux les plus âgés et les deux plus jeunes et pour répondre au reproche qu'on leur fait d'être en partie les élus des candidatures officielles, on y joindrait les deux candidats de chaque département qui auraient eu le plus de voix aux dernières élections des Conseils Généraux et des députés, lesquels en général appartenaient à l'opposition libérale et même républicaine, suivant le nombre de députés de chaque département on ajouterait ou l'on retrancherait à cette combinaison. Que partout on demande donc les élections nationales, que plus tard, si le temps ne le permet pas aujourd'hui, notre système électoral soit modifié sous peine d'être aussi aveugle et aussi corrompu que par le passé. Qu'il soit mis à deux ou trois degrés le vote à la commune (dans tous les cas) ([1]) en envoyant un ou plusieurs délégués à l'arrondissement, et ces délégués, qui réunis au chef-lieu, choisiraient les députés du Département. La première condition d'une bonne élection c'est que l'électeur connaisse les candidats ; non une connaissance théorique, mais une connaissance pratique, non leur langage ou leurs écrits, mais leur personne, leurs actions, leurs œuvres, leur probité, leur capacité, leurs mœurs. Si donc le premier degré a lieu dans les communes, les électeurs n'auront pas besoin de s'en rapporter à la parole d'autrui, à des circulaires faites pour les besoins de la cause ou aux conseils intéressés des fonctionnaires. Ils choisiront directement les hommes en possession de leur confiance et de leur estime. Mais surtout que les électeurs se méfient de ces Préfets ou Sous-Préfets, qui ont été envoyés dans les Départements pour préparer leur candidature, mettre en place leurs créatures et qui, quelques jours

---

([1]) Voir la note 7, p. 36.

avant, viendront leur dire qu'ils donneront leur démission pour se présenter à leurs suffrages.

Manœuvre déloyale et qui élude grossièrement la loi sur les incompatibilités. Avec ce vote à la commune et à deux degrés, vous n'aurez alors ni candidatures officielles, ni pression de partis; car à chaque degré les électeurs se connaîtront et ainsi seulement les hommes s'éclairent et s'épurent, en se jugeant les uns et les autres. Alors des choix libres et judicieux sortiront de ces comices. Vous aurez ainsi, avec très-peu d'abstentions, l'expression vraie des opinions du pays. À l'assemblée constituante, véritable représentation de la France, et une fois la guerre terminée, appartiendrait le droit de décider sous quelle forme de gouvernement doit passer la France. Pour mon compte, je n'en vois que deux en présence; *Monarchie légitime* ou *République*. Voilà les deux termes absolus de tout gouvernement sérieux. Trois fois déjà nous avons en vain fait l'essai de la République et nous avons pu nous convaincre qu'elle nous conduisait toujours au despotisme de plusieurs ou au despotisme d'un seul. Qu'on ne s'y trompe plus, la France est libérale, non révolutionnaire; constitutionnelle, non républicaine; elle veut un pouvoir contrôlé, elle ne veut pas un pouvoir personnel, elle veut un Gouvernement dont la forme et la constitution ne soient pas perpétuellement en question, car elle voit enfin qu'une nation ne peut résister à un tel régime dissolvant. On ne s'improvise pas administrateur, homme politique ou militaire; chacun son métier, chacun ses aptitudes. La Fable nous enseigne que Phaéton voulant remplacer Phœbus son père fut précipité du haut des cieux et faillit embraser le monde; il avait cependant le même char, les mêmes coursiers suivant avec le même soleil la même route, mais l'expérience et l'autorité lui manquaient. Au fond il importait peu à la terre d'être éclairée par le père ou par le fils, mais il lui importait beaucoup d'être bien éclairée et surtout de n'être pas brûlée.

Or, que voyons-nous aujourd'hui? Un déplacement général de toutes les aptitudes. Aimez-vous les avocats? On en a mis partout! Jusqu'ici l'expérience avait suffisamment démontré qu'à de rares exceptions près, les avocats et les journalistes étaient mal doués à l'endroit des sciences administratives et financières, mais ce qu'à coup sûr on ne se serait pas avisé de leur prêter, c'est la science militaire, l'art pratique de la guerre. L'habitude de plaider le pour et le contre, la tension continuelle de l'esprit pour tourner, éluder et échapper aux lois, la critique poussée à l'état de maladie, le vague dans les idées et la préoccupation constante de faire des phrases et des mots à effet en feront toujours de détestables administrateurs et jamais des organisateurs. Eh bien! que voyons-nous aujourd'hui? Tout le gouvernement de la défense nationale, sauf Trochu, composé d'avocats; toutes nos Préfectures et grand nombre de Sous-Préfectures occupées par des avocats ou des hommes de lettres. Un ministre de la guerre avocat, à la tête non pas seulement de deux ministères, mais suivant et dirigeant nos armées, ordonnant les mouvements, nommant, destituant et contrôlant les généraux. (¹) Aussi tour à tour nos plus honorables généraux se retirent et laissent à qui veut la prendre la responsabilité d'une pareille situation. Et c'est dans ces circonstances graves que nos gouvernants se refusent de consulter la France? Et sur quoi consultera-t-on un pays si l'on décide sans lui la question de vie ou de mort dont nous sommes menacés. N'abusons pas des dictatures, elles mènent infailliblement au despotisme. Je crois la liberté bonne en toutes circonstances, mais surtout plus les circonstances sont graves, plus il importe que le pays soit consulté. Qu'importe qu'on nous donne la République si l'on nous refuse la liberté? Car un peuple qui ne s'occupe pas de ses propres affaires n'est pas un peuple libre.

Si la France pense que les trois essais de la forme républicaine n'ont pas répondu à son attente, si trois fois à de longues distances cette forme de gouvernement ne lui a donné ni liberté, ni prospérité intérieure, ni alliance, ni gloire à l'extérieur, pourquoi ne reviendrait-elle pas à la vieille monarchie française qui lui a donné des siècles de prospérité et de gloire, à la monarchie légitime, résumée par cet axiome: *Jus principis populi salus.*

______

(¹) Voir la note 8, p. 38.

Ne sacrifions donc plus le fond à la forme, car si la tyrannie est possible avec une République, la liberté est bien aussi possible avec une monarchie. Que nous faut-il donc! Une France monarchique, municipale et provinciale. Une monarchie légitime et héréditaire dans la personne d'un roi qui seul peut nous donner une paix honorable avec l'intégralité de nos frontières, qui seul peut traiter d'égal à égal avec nos ennemis. Où le prendre ce roi? Irons-nous comme l'Espagne offrir tour à tour la couronne à tous les princes de l'Europe? Fonder une nouvelle dynastie, augmenter les partis en France? Nous exposer à de nouvelles révolutions? Où le prendre donc ce roi? Où nos pères le prirent il y a dix siècles, alors qu'ils élevèrent sur le pavois *Hugues Capet.*

La race des Mérovingiens venait de succomber lentement sous le double ascendant de la loi du partage et de l'ambition des maires du palais; elle succombait léguant à l'avenir la grande loi de l'hérédité du trône par ordre de primogéniture que la nation venait de constituer dans la personne et dans la famille de Hugues Capet. Ce suffrage universel a la consécration des siècles, il est si bien établi que les rois eux-mêmes ne peuvent en déranger l'ordre et la succession. Cette famille, *la maison de Bourbon,* alliée à tous les souverains du monde, a fait la France et chaque règne lui apporte une province. Hugues Capet est proclamé roi, aussitôt le Comté de Paris devient le noyau de la France. Philippe-Auguste nous apporte la Normandie, l'Anjou, le Maine, la Touraine, le Poitou, le Vermandois, les Comtés d'Evreux et d'Alençon; Philippe-le-Hardi le Languedoc; Philippe-le-Bel nous assure Lyon, et par son mariage la Champagne et la Brie; Philippe-de-Valois nous donne le Dauphiné; Louis XI la Provence et la Bourgogne; Henri IV le Béarn et la Navarre; Louis XIV le Roussillon, la France, l'Alsace, la Franche-Comté et le Nivernais; Louis XV la Corse, la Lorraine et le Duché de Bar. Enfin Charles X, dont le Gouvernement avait achevé de solder les dettes de l'Empire et de la Révolution, rétabli l'ordre dans les finances avec un budget de 900 millions seulement et, avec une armée de 200 mille hommes, rend à la France son rang en Europe, étouffe le militarisme en Espagne, délivre la Grèce et en partant lègue à la France la magnifique conquête de l'Algérie.

Cette famille est représentée aujourd'hui par le *comte de Chambord*, petit-fils de Charles X et après lui par le *comte de Paris*, petit-fils de Louis-Philippe. Depuis de longues années les membres de cette famille sont en exil et jamais ils n'ont cherché et ne chercheront à porter en France le trouble, le désordre ou la guerre civile. Ce ne sont pas eux qui feront les ridicules exploits de Boulogne ou de Strasbourg et bien moins encore le criminel coup de main du 2 décembre. Non, car ils savent qu'ils appartiennent à la France et s'ils se tiennent prêts à répondre à son appel, ils ont un passé qui les préserve de tout attentat corse. Du jour où la République de 1792 fut proclamée par une assemblée législative et non constituante, qui, outrepassant ses droits, violait le vœu exprimé par six millions de Français dans les cahiers des baillages remis aux Etats-Généraux, qui tous voulaient le maintien de la monarchie et la personne du roi inviolable ; du jour où la révolution fut couronnée par le crime du 21 janvier, le pacte séculaire qui unissait la France à cette famille fut rompu en même temps que le principe tutélaire de la légitimité et de ce jour aussi la France entra dans l'ère des révolutions. Dire ici ce qu'elles ont coûté de sang et d'argent à la France serait inutile, c'est de l'histoire contemporaine. Voulons-nous continuer cette triste alternative du despotisme d'un seul, du despotisme de plusieurs ? Que la France régulièrement consultée se prononce ? A nous dans la limite légale de nos droits et pas autrement, par la force que nous donne le suffrage universel et jamais par des moyens révolutionnaires à reconstituer la vieille monarchie française assise sur les bases du droit incontesté ; le *Gouvernement du pays par le pays, le roi régnant et la France gouvernant par ses mandataires*. Il est temps enfin que le pays ne laisse plus escamoter le pouvoir par quelques-uns ou par un seul et que la fusion monarchique des deux branches de cette famille qui pendant dix siècles fit la France grande et prospère vienne, écartant enfin toute rivalité, donner l'exemple de l'union au principe qui seul peut sauver le pays. En effet, si la France laisse échapper cette occasion de salut, qu'arrivera-t-il? La Prusse victorieuse qui tient entre ses mains l'épée du vaincu de Sedan, ne consultant que les intérêts de l'Allemagne, s'efforcera à tout prix (et elle ne nous laisse pas ignorer) de ramener sur le trône le captif impérial, auquel il ne restera d'autre ressource que de subordonner sa politique et ses actes aux volontés du vainqueur, dont il ne saurait plus être désormais, lui et son successeur, que le très-humble vassal.

Les Bourbons seuls, au nom du principe qu'ils représentent, peuvent faire ce que leurs pères firent en 1814 et 1815, arrêter les étrangers qui ravagent la France, et les obliger à respecter l'intégralité de ses frontières; à eux encore la lourde tâche de réparer les fautes et les crimes des Bonaparte, et de nous délivrer des révolutions, de nous assurer l'appui des grandes puissances qui redoutent par dessus tout l'établissement de la République en France, et qui pour cette raison seule nous laissent aujourd'hui dans notre isolement.

Partout où la loi d'hérédité n'existe pas, il y a place pour l'usurpation et pour la révolte, alternative constante de toutes les sociétés anciennes, dont les hommes n'avaient pas élevé leurs idées à la hauteur de ce principe. Ainsi, bien loin que l'hérédité royale d'une monarchie légitime soit opposée aux droits naturels des peuples, c'est dans ses droits naturels et dans ses intérêts qu'elle puise sa plus grande puissance. *Le droit du prince est le salut du peuple.* Quand tous les hommes sont égaux, quand un pays surtout est gouverné par des mandataires responsables et renouvelables, il faut bien, pour que cette égalité se conserve, pour que les mandataires du pays ne cherchent pas à la rompre, que la place du fait qui pourrait la violer soit occupée par un droit indiscutable. C'est pour qu'un homme ne vienne pas se mettre au-dessus de ses égaux, qu'on élève ce droit à côté des autres droits. Celui-là seul, dont le droit n'est contesté par personne, peut assurer les droits de tout le monde. Et nous croyons qu'il est dangereux d'éveiller les ambitions, dangereux de les exciter, en leur montrant la perspective de se satisfaire.

Sous la forme républicaine au contraire, dans un grand

Etat aussi remuant que la France, nous ne pouvons trouver de stabilité. Car, à chaque élection de la présidence, nous aurons vingt compétiteurs, et un an avant le renouvellement des pouvoirs le pays sera inévitablement bouleversé. Chaque président nous apporterait ses créatures, une politique nouvelle et la crainte d'une révolution.

On compte en France quatre partis politiques, quatre formes de gouvernement dont nous avons fait successivement l'épreuve. Ce sont par rang d'ancienneté, la monarchie légitime, la république, l'empire et l'orléanisme. En réalité ces quatre systèmes se réduisent à deux. La légitimité et la république ont la même origine, la souveraineté populaire, les mêmes principes, le gouvernement de la nation par la nation. Dans l'une, le chef se nomme *président*, tous les trois ou cinq ans on le change, dans l'autre, on l'appelle *le roi;* chef de la grande famille qui s'appelle la nation, comme dans toutes les autres familles l'homme meurt, le chef ne meurt jamais. Ces deux formes de gouvernement ont encore le même but, le bonheur des peuples, le même intérêt, l'ordre et l'économie qui constituent la famille. Aussi il n'est pas douteux que les vrais républicains honnêtes, à défaut d'une république possible, préféreront la monarchie légitime héréditaire à la tête d'un gouvernement constitutionnel et parlementaire, à l'empire et à l'orléanisme, traînant forcément à leur suite avec des semblants de liberté, les corruptions, les dilapidations et les guerres. De même les légitimistes, à défaut de la monarchie héréditaire, préféreront et soutiendront la république; mais une république sérieuse, légale, honnête et forte, refoulant les mauvaises passions et laissant la France catholique et l'Europe monarchique.

Mais nous ne pouvons nous le dissimuler, car l'histoire porte avec elle son enseignement, que de ces deux formes de gouvernement, la première date du IXe siècle et justifie, par dix siècles de grandeur et de prospérité, la bonté et la stabilité de son système. Son chef, *le roi,* placé comme base de la pyramide en assure l'immuabilité. A la garantie d'ordre et de stabilité qu'il donne à l'intérieur, vient se joindre la confiance qu'il inspire aux autres gouvernements de l'Europe monarchique et de plus il leur impose la solidarité. Dix siècles de monarchie légitime viennent appuyer ce raisonnement et cette grandeur, cette prospérité de la France par la maison de Bourbon est le fait historique le plus éclatant.

La république, au contraire, ne date que de 92 et malgré quelques gloires et d'utiles réformes commencées du reste par Louis XVI, elle porte forcément avec elle, outre les dangers du système électif, la funeste date de 93, les fautes et les excès qui nous conduisent au despotisme impérial, aux guerres ruineuses qui en seront toujours la conséquence et qui nous laissèrent pour tout résultat trois invasions. La république nous rappelle encore ce second essai si ruineux et si peu sérieux de 48, nous conduisant fatalement une seconde fois au despotisme impérial, nous aliénant toute l'Europe et en fin de compte nous léguant la plus désastreuse guerre et la plus écrasante des trois invasions. Quant à l'orléanisme et à l'empire, c'est l'instabilité de la république, moins la liberté, un président qui s'appelle roi ou empereur et qui doit forcément être conduit à augmenter son pouvoir pour assurer dans sa famille l'hérédité qui pour lui n'est pas un droit. Sous ces deux systèmes, une centralisation excessive est nécessaire, et c'est à eux que nous la devons, les candidatures officielles sont indispensables et l'isolement en Europe certain. Tous deux procèdent de la révolution, menacent la sécurité de l'Europe, s'appuient sur les mauvaises passions et propagent l'incrédulité. C'est en définitive une royauté élective et malgré l'empressement que prennent ces systèmes à faire proclamer l'hérédité, ni l'un ni l'autre n'ont pu l'obtenir une seule fois. C'est que l'hérédité est un fait et non une théorie, et, décréter l'hérédité c'est prouver qu'elle n'existait pas. La légitimité ou l'hérédité royale n'existe en France que dans la maison de Bourbon, représentée par le comte de Chambord et après lui, à défaut d'enfant, par le comte de Paris. Toute famille repose sur l'hérédité, aucune loi ne peut faire que l'hérédité passe du père à un étranger en écartant ses enfants. En matière de gouvernement, prétendre fonder l'hérédité c'est faire une monstruosité. Orléanisme et empire sont des monarchies électives, pas autre chose, et si nous n'avions déjà notre propre expérience, la Pologne serait là pour nous prouver où les monarchies électives conduisent une nation.

Reprenons le vieil adage de nos pères : *Jus principis populi salus*, et fatigués des révolutions, disons comme eux : *Que le roi ne peut mourir.* Que le roi règne, et que le pays gouverne par ses mandataires élus du suffrage de tous. Avec un gouvernement parlementaire et constitutionnel, qu'importe la valeur de l'homme? L'Angleterre est-elle plus mal gouvernée depuis qu'une reine, sans portée politique, préside à ses destinées? Jamais, au contraire, ce pays ne fut plus libre et plus prospère. Une monarchie, la vieille monarchie séculaire de la France, peut seule rendre à notre pays la paix, ses alliances perdues et sa place en Europe. Pour réparer nos désastres, notre commerce et notre industrie, soulager notre agriculture, il nous faut la paix, une longue paix, non-seulement à l'extérieur, mais surtout à l'intérieur. Qu'on ne l'oublie pas, la forme républicaine ne peut nous la donner, elle porte forcément avec elle tout au moins l'agitation intérieure. Les réunions publiques des dernières périodes électorales, à Paris surtout, ce centre éclairé, ont révélé chez le parti républicain un manque complet d'esprit politique. Maîtresse du terrain, la démocratie n'a su produire que des paradoxes, et s'est laissée conduire par une foule extravagante. Des notions incomplètes ou fausses de sciences financières, des bribes arrachées au langage de l'économie politique; voilà le bagage avec lequel ces économistes de Clubs ont séduit les classes laborieuses, et leur ont inspiré de fantastiques et funestes illusions. Il est bien prouvé aujourd'hui que les théories séduisantes passent chez nous à l'état de dogmes, et qu'elles trouvent des apôtres sans avoir passé au creuset de l'expérimentation. Au reste, nos populations rurales ne peuvent oublier que les républiques ont toujours produit en France de déplorables résultats financiers [1] : en 1792 les assignats; en 1848 les 45 centimes; enfin de nos jours, si la guerre nécessite les demandes d'argent, elle ne saurait justifier les moyens arbitraires et d'une répartition injuste, employés par nos

[1] Voir la note 9, p. 39.

gouvernants. Cet empressement à faire table rase de toutes les places dès les premiers jours, ces hommes incapables qui surgissent et envahissent toutes les positions; ce mépris du suffrage universel, poussé à sa dernière limite, tout indique que notre tempérament n'est pas fait pour la forme républicaine. Nous ne pouvons plus nous le dissimuler, la France aujourd'hui présente ce spectacle étrange et bien triste d'un pays qui forcément est obligé de regagner son arriéré sur ses voisins, qu'elle traitait trop légèrement d'arriérés; elle doit, sous peine de souffrir dans tous ses intérêts, se mettre à l'école de la nation qui l'a vaincue, et à laquelle elle croyait donner des leçons de tous genres. (J'emprunte cette opinion, mot par mot, à M. Renan.) C'est triste pour notre amour-propre, mais c'est la vérité. Au reste, la France a assez longtemps fait la leçon aux autres pour pouvoir, sans trop de honte, la recevoir une fois. Ainsi, en France, on méconnaît entièrement les règles de la liberté moderne, et l'on suit en cela les errements de 92. La liberté moderne ne ressemble en rien à la liberté des anciennes républiques, et un sujet de la reine Victoria ou du roi des Belges est cent fois plus libre que ne le fut jamais un citoyen de Sparte ou d'Athènes. En France, des idées fausses de liberté et d'égalité ont tout bouleversé, et il en est résulté une attaque incessante contre la religion, contre la famille et la propriété. Ce fut toujours le but constant de nos révolutionnaires, et le résultat a toujours été, depuis lors, l'amoindrissement du pays. Cela devait être; car le triomphe et la prospérité d'une nation sont impossibles sans une forte organisation de la religion, de la famille et de la propriété.

Quelqu'un a dit quelque part : *La vraie France sérieuse et savante a abdiqué*, et de fait, on le croirait, car cette France sérieuse et savante, on en chercherait en vain les échos depuis quatre mois dans cette bagarre.

Et si, dans ce moment solennel, des voix isolées se font entendre, elles sont peu écoutées, pas même respectées par la minorité turbulente, qui impose sa loi sur presque toute la France. Mais, dirons-nous à nos gouvernants et à leurs partisans, votre persistance à refuser un appel à la France prouve une chose, c'est que vous pensez, et avec raison, que l'opinion républicaine n'aurait pas la majorité dans les comices. Et à qui la faute? Il ne vous est pas permis, vous le savez assez, de récriminer contre les partis monarchiques; partisans de l'empire, il n'y en a plus, en France du moins, et quant aux légitimistes ou orléanistes, vous savez assez qu'ils ne conspirent pas, même en matière électorale. Où sont donc vos adversaires, ceux qui nuisent le plus à la république? Ce sont vos *ultra*, vos démagogues, votre Ligue du Midi, les sociétés secrètes, les souteneurs du drapeau rouge à Lyon et à Marseille; les hommes de l'hôtel de Ville à Paris. Voilà votre danger. voilà vos vrais adversaires. Voilà ceux qui portent l'épouvante chez la masse des électeurs paisibles, chez nos cultivateurs qui tous possèdent à la sueur de leurs fronts et veulent rester propriétaires au meilleur marché possible. Et c'est si vrai, que si vous aviez fait les élections dans le courant de septembre, quinze jours après qu'une fraction populaire de Paris vous élevait sur le pavoi, et que les nécessités du moment faisaient généralement absoudre et accepter tacitement cette flagrante usurpation; si vous aviez, dis-je, fait en ce moment un appel à la France, une énorme majorité vous aurait répondu : *Va pour la République!*

Plus tard, lorsque par quelques mesures sages et énergiques M. Gambetta réprimait les écarts des Marseillais et de la commune de Lyon et rappelait à l'exercice d'une plus saine administration certains Préfets-Pachas, vous eussiez eu encore à cette époque, quoique avec bien moins de voix, une certaine majorité. Mais aujourd'hui, et vous avez raison de le croire, n'y comptez plus. Et tenez-le pour certain, plus vous reculerez devant la représentation nationale plus vos ultra se chargeront de prouver à la France que république et liberté ne peuvent vivre ensemble dans notre pays. Mais alors il sera trop tard pour vous, trop tard pour la France, car le torrent aura rompu ses digues et vous emportera aussi bien que nous.

Depuis que nous sommes en révolution et que nous avons rompu le pacte tutélaire, *le principe de la monarchie légitime*, la France présente cette singulière situation :

démocrate, elle a peur des pays aristocratiques; républicaine, elle redoute les pouvoirs monarchiques; monarchique, elle craint les doctrines républicaines; progressive, elle a peur des entraînements communistes; révolutionnaire, elle craint la réaction; réactionnaire, elle lutte contre la révolution. Enfin, guerrière, elle a peur de la guerre et pacifique elle se lasse de la paix. C'est tout simple, ayant successivement adopté tous les systèmes, essayé de toutes les formes de gouvernement, fait vingt diverses constitutions et se trouvant en dehors des idées générales, elle n'appartient réellement à aucun ordre de choses, elle est dans un état transitoire. Il faut qu'elle en sorte au plus tôt et à tout prix, il y va de son existence. Subirons-nous donc comme nos pères en 92 et en 93, en 1830 et en 1848 et enfin au 2 décembre 1851, comme au 4 septembre 1870, la loi d'une infime minorité et presque toujours la loi de Paris? En présence de la fortune de la France qui décroit, de la fortune qui s'accroit chez toutes les autres nations qui ont su conserver le principe de la monarchie héréditaire légitime, dans cette crise fatale que nous traversons depuis 92 et qui atteint nos mœurs, notre caractère et notre puissance, en face d'une situation dont les progrès rapides menacent notre existence même, ne serait-il pas temps de chercher en commun, non pas le succès d'un parti, mais le salut de cette patrie commune que les siècles écoulés avaient élevée si haut à l'ombre de notre vieille monarchie.

Demandons au gouvernement de la défense et surtout à cet avocat, ministre de l'Intérieur et de la Guerre, qui non content de diriger deux ministères aussi importants, veut encore dicter à nos généraux leurs plans de campagne; demandons-leur ce qu'ils veulent faire de la France et de quel droit ils conservent et concentrent en leurs mains un pouvoir absolu, sorti d'un coup de main révolutionnaire et qu'ils vont colporter de villes en villes à mesures que grâces à leurs fautes l'ennemi envahit la France.

Une assemblée régulièrement élue par le pays aura seule la force et l'autorité nécessaire pour se faire respecter et obéir, seule elle aura qualité pour représenter la France. Donc une assemblée nationale au plutôt et surtout le vote à la commune et non au canton. Sortons du provisoire et ne dépendons plus du caprice d'un ministre ou d'un Préfet.

Que la France se prononce; si elle veut la forme républicaine elle enverra des députés républicains et nous nous inclinerons. Si la France veut une monarchie elle saura trouver les représentants de ses idées, et dans tous les cas les vrais Français accepteront ses décisions et serviront leur pays sous n'importe quel système de gouvernement honnête et régulier. Et certainement alors si la République, une République d'ordre et honnête, était proclamée par l'Assemblée constituante, on verrait ce singulier spectacle que ceux qu'on veut bien appeler réactionnaires et légitimistes, seraient obligés de la défendre contre les républicains. Nous reconnaîtrons alors ceux qui sont sincèrement partisans de la liberté et du suffrage universel. Nous saurons si vraiment les républicains ne veulent plus de candidatures officielles et de pression électorale. A l'œuvre, car le temps presse et telles complications fâcheuses peut, en nous jetant dans le chaos et l'anarchie, nous laisser sans pilotes au milieu de la tempête. Au scrutin donc, tout en battant les Prussiens déposons nos bulletins dans l'urne et nos balles dans nos fusils. Les deux choses peuvent se faire et se bien faire à la fois.

Certainement les nécessités de la défense sont pressantes et l'heure est suprême. Tous, nous n'avons qu'une pensée, chasser à tout prix les barbares envahisseurs. Mais parce que la France ne doit reculer devant aucun sacrifice pour sauver son indépendance et son honneur, est-ce une raison pour rester dans l'arbitraire et ne pas la consulter? Un pouvoir sans contrôle nous a lancés follement, et dans un but égoïste de dynastie, dans une guerre pour laquelle seule nos ennemis étaient préparés! Est-ce avec un pouvoir sans contrôle, non reconnu en Europe et trop préoccupé de fonder la république et de placer ses créatures, que nous pouvons espérer de nous défendre avec succès? Le refus de réunir une assemblée nationale, la dissolution des Conseils Généraux qui partout où ils ont été réunis ont prêté aux Préfets un concours actif et dévoué, et surtout la nomination arbitraire de commissions choisies par les Préfets, qui semblent vouloir écarter décidément l'appel à la nation, doit nous ouvrir les yeux. Nous marchons à l'arbitraire, à la commune, au comité de Salut Public. La France veut-elle revenir à 93 ? Qu'elle se prononce et fasse cesser une injurieuse défiance. Un appel loyal au pays, aux corps électifs, peut seul nous sauver et nous permettre de combattre nos envahisseurs, en donnant aux levées en masse une consécration vraiment nationale.

M., fin Décembre 1870.

NOTES

(1)

A ce propos, nous demanderions ce qu'est devenu un certain Crévillier ou Crévisier, ancien officier d'artillerie, se disant échappé de Metz, qui sur la recommandation de M. Puthod, préfet de l'Ain, fut nommé par M. Gambetta général de division, avec le commandement supérieur des troupes mobilisées de l'Est, lequel, dit-on, a disparu de Dijon, au moment où sa présence et ses ordres pouvaient sauver cette ville ?

On raconte sur ce monsieur une histoire assez drôlatique. Lorsque, investi de son commandement, et, sans doute, après avoir touché l'entrée en campagne, si libéralement accordée aujourd'hui, il se rendait à son poste, il rencontra dans une ville de la Bourgogne un ancien ami. Naturellement on fêta les trois étoiles du nouveau général qui, heureux de sa promotion, dès le premier service, promit à son ami le commandement d'un bataillon. Après quelques bouteilles de Pomard, il le déclare colonel. Enfin, un flacon de Clos-Vougeot aidant, il le fit général.

L'ami qui commençait à trouver que c'était satisfaisant pour une première campagne, mais qui, moins ému que son généreux compagnon, tenait à réaliser ses belles promesses, lui demanda de passer des paroles aux actes, et de lui délivrer sa commission de général de brigade. La période tendre et généreuse était à ce qu'il paraît épuisée, car le brillant général de division dev nt furieux et tappant sur la table, il demanda du papier et une plume et écrivit l'ordre d'arrêter et conduire en prison son excellent ami. « Pour t'apprendre, lui dit-il, à douter de ma parole, tu seras fusillé demain. » On ajoute que l'ordre, remis à un brave chef de poste de la garde nationale, fut exécuté et l'ami parfaitement coffré. Quant au général, il fut se coucher, et n'y pensant plus le lendemain, tant il était bonhomme, il partit, oubliant de faire fusiller, mais aussi de faire sortir son cher ami, qui eut bien de la peine, deux jours après, à revoir le soleil. On dit que le général, en fuyant de Dijon, aurait oublié d'y laisser la caisse ; ce qui expliquerait les ordres donnés de tous côtés aux parquets, de l'arrêter, à moins que ce ne soit pour ne pas priver la France de ce brillant général.

(2)

On connait cette équipée de cent et quelques gardes nationaux de Lyon, envoyés par le préfet pour arrêter un maire du département de l'Ain que l'on disait contraire aux razias de vivres, de bestiaux ordonnées par ce même préfet dans le département de l'Ain. Les malins Bressans pensaient avec raison, et en cela d'accord avec leur maire, qu'envoyer leurs provisions et leurs bestiaux dans une ville où l'esprit municipal et préfectoral fait si peu de cas de la propriété et attache si peu d'importance à l'ordre et à la police, c'était courir une chance de pillage bien plus probable que de les garder. Attendu que lorsque les pillards prussiens seraient à vingt-cinq et quelques kilomètres, il serait bien temps de transporter le tout chez d'honnêtes voisins qui respectent la propriété d'autrui et ne feraient même pas payer de loyer. Cette expédition aussi arbitraire que stupide a coûté à la ville de Lyon 860 fr. pour transporter, nourrir et surtout abreuver ces messieurs qui sont revenus les mains vides, mais non l'estomac. Ce même préfet de Lyon devrait cependant se souvenir des paroles suivantes, écrites dans la *Revue des deux Mondes*, livraison du 15 Juillet dernier et signées P. Challemel-Lacour : « C'est que la hardiesse des théories, la beauté « des plans, ne font pas le génie de l'homme d'Etat ; c'est que la pire « chose en politique est de trop sacrifier au paraître ; » et dans la livraison du 15 Février dernier le même auteur dit avec raison : « Le peuple ne voit pas du premier coup, à quel point les satis- « factions qu'il réclame ou qu'il rêve dépendent de la politique « générale. Sa pensée court tellement au but, sans s'inquiéter des « moyens, sans répugner dans l'occasion, aux entreprises de la « force. » Quand on apprécie aussi bien les défauts et les entraînements du peuple, on devrait au moins ne pas subir soi-même l'impulsion et l'entraînement de la lie du peuple et de la vile populace n'être plus le vil flatteur.

(3)

Le journal *La Décentralisation* du 28 Décembre contient les lignes suivantes : « On a généralement attribué le résultat de l'affaire de « Nuits au retard éprouvé par les troupes de secours. » Le *Journal de Mâcon* indique d'autres causes de notre insuccès que nous croyons fondées : « Le passage de l'artillerie est devenu, dit-il, « très-difficile, sinon impossible, pour la plupart des routes de nos « départements, imprudemment *coupées*, avant l'heure, d'après les « ordres réitérés du Comité de défense rural de M. Challemel joint « au Comité de défense civil nommé par M. Morin et les autres « préfets. Nous avons signalé maintes fois, d'après l'avis de mili- « taires très-compétents (que, bien entendu, on n'avait pas mis

« dans les comités de défense) l'inconvénient de couper les routes
« comme on l'a fait; et nous avons averti que l'on s'en apercevrait
« le jour où nous aurions à secourir nos propres troupes engagées
« dans une affaire ou dans le cas de retraite. Les faits, selon nos
« renseignements, n'auraient pas tardé de donner raison aux
« hommes d'expérience. »

(4)

Déjà à Lyon, il y a peu de jours, une fraction armée de la garde
nationale de la Croix-Rousse, a en plein jour arrêté le commandant
en uniforme d'un de ses bataillons, et sur son refus de faire battre
le rappel et de se mettre à leur tête pour se porter sur l'hôtel de
Ville, l'a jugé séance tenante dans la salle Valentino.

Condamné à mort par acclamation, il a été conduit par ces hommes armés qui ont passé impunément devant le poste des gardes
nationaux de la mairie et, dans un clos voisin, ont exécuté la bar-
bare sentence avec un concours de circonstances plus barbares
encore. M. Gambetta se trouvait à Lyon et assistait le lendemain à
l'enterrement du malheureux commandant Arnaud. Cette lugubre
cérémonie a été rendue plus triste encore par l'absence de tout
culte religieux, et le ministre de l'Intérieur et de la Guerre, le préfet et le Conseil municipal venaient, par leur présence, autoriser
cette violence faite aux idées religieuses de la grande majorité des
Français, et surtout de la pieuse ville de Lyon. La ville entière, et
même la population remuante de la Croix-Rousse, était doulou-
reusement impressionée de cet horrible événement, et l'occasion
était facile pour M. Gambetta de faire disparaître ce drapeau rouge
qui avait abrité dans ses plis les assassins du commandant Arnaud.

Le drapeau rouge flotte encore sur l'hôtel de Ville!

Cette faiblesse ne semble-t-elle pas prouver que le peuple sou-
verain peut de temps à autre se mitrailler lui-même à sa conve-
nance sans que la chose publique (*res publica*) ait, logiquement
parlant, le droit de s'en mêler? Car enfin le peuple est là dans
l'auguste exercice de son autorité imprescriptible. Un peuple-roi
peut périodiquement se suicider si bon lui semble. Il en souffre
beaucoup, c'est possible; il y gagne peu, c'est tout simple, mais il y
déploie sa souveraineté. Comment, en effet, persuader à la populace
que ses frères ont pu impunément, que dis-je, avec succès, proclamer le 4 Septembre la République à Paris, et qu'eux ne peuvent
pas proclamer leur République à Lyon? N'est-il pas admis depuis 92
que toute émeute sanguinaire ou non, qui réussit, est par cela
même légitimée et acclamée par le pays? La révolution a con-
sacré la loi du *plus fort* et ôté toute *force à la loi*.

Au reste, ce crime est la conséquence de la faiblesse de l'Administration lyonnaise; à elle en remonte toute responsabilité. Par
quel abus monstrueux a-t-on laissé au premier moment et depuis

distribuer et souvent prendre des armes et des munitions de guerre à des hommes et même à des enfants, à des repris de justice et gens tarés du plus bas étage ?

Depuis que la France est sortie des crises gigantesques de la fin du dernier sièle, elle est à la recherche d'un système régulier et efficace qui lui donne des institutions libres et la paix intérieure. Les régimes extrêmes ont été sans durée, les républiques ne s'acclimatent pas, les dictatures sont emportées. La France poursuit son idéal, elle est libérale, elle n'est que libérale et non républicaine. La vieille monarchie séculaire et légitime, appuyée sur des institutions constitutionnelles et parlementaires, voilà l'ancre de salut, voilà son idéal.

(5)

Tous les jours les journaux renferment des réclamations sur la déplorable confection des vêtements et des chaussures des mobiles et mobilisés. Les journaux du département de l'Ain ont retenti des plaintes faites entr'autres par un homme très-compétent et ancien tailleur, qui estime à une somme énorme le bénéfice qui aurait été fait sur ce genre de fournitures aux dépens du département, et qui fait même remonter bien haut cette grave responsabilité : « On sait, « dit la *Décentralisation* du 30 Décembre, que les mobiles de Lyon « n'ont pas pu faire seulement deux lieux avec les souliers qu'un « exploiteur éhonté s'était chargé de fournir. »

Dans le département de l'Ain, on avait oublié complètement les chaussures, et il a fallu les réclamations énergiques des chefs de corps pour arriver enfin à les obtenir. Depuis quelques jours seulement, et grâce aux réclamations incessantes de la presse, ces fournitures sont données aux enchères publiques. A ce propos, voici entre mille, ce qui est arrivé dans un de ces marchés, donnés sans formalité et par des gens, sinon prévaricateurs, tout au moins bien imprudents et bien incapables.

Un industriel s'était dernièrement engagé vis-à-vis un Conseil municipal, à fournir des capotes aux légionnaires, au prix de 27 fr. — qu'on remarque bien le chiffre, 27 fr. ! Ce monsieur tenait ces capotes en soús-mains d'un autre industriel au prix de 16 fr., lequel les tenait lui-même d'un entrepreneur de Genève qui les lui fournissait à raison de 10 fr. Il devait être livrées 10,000 capotes, et la livraison du premier mille s'effectua. Chacun de nos trois industriels se frottent les mains, en pensant à *l'honnête* bénéfice que rapportera cette affaire. Lorsque le M. No 2, celui qui livre les capotes à 16 fr., apprend que son acheteur, le No 1, les vend à 27 fr. au Conseil municipal, indigné, il se refuse à continuer la livraison des capotes. Fureur du monsieur No 1, colère du monsieur No 2, qui veut avoir une part plus large au gâteau. Bref, on finit par ne pas s'entendre, et l'affaire est portée devant les tribunaux où elle se dénouera un de ces jours.

(6)

Voici comment s'exprime à ce sujet le *Siècle :*

« Quelques puissent être nos dissentiments philosophiques et
« religieux, il n'est que juste de reconnaître que, dans la crise
« actuelle, le clergé catholique s'est montré national et patriotique ;
« que les curés bretons qui poussent ou accompagnent à Paris
« leurs paroissiens, que ces aumôniers qui vont ramasser les
« blessés jusque sous le feu de l'ennemi, sont de bons Français, de
« dignes citoyens, et que c'est prendre mal son temps que de
« choisir le moment où nous nous trouvons, où il nous prêtent un
« si fraternel concours, pour les blesser dans leurs sentiments les
« plus chers. »

« Le général Michel, qui avait été nommé au commandement de
« l'armée de l'Est en remplacement du général Cambriel, a donné
« sa démission. Le principal motif serait, assure-t-on, l'embarras
« du voisinage de Garibaldi. La position n'est plus tenable pour
« personne avec la position faite à Garibaldi. » (*Décentralisation* du
18 Novembre.)

« Hier soir, dans un cabaret de la rue de la Loge, deux Garibal-
« diens ont tué un sergent du 14e bataillon de la garde nationale.
« L'affaire a commencé par un refus des Italiens de payer leur
« repas. ... » (*Décentralisation*, 17 Novembre.)

« Décidément, le héros de Mentana ne sait qu'une chose : faire
« évacuer les maisons religieuses. Tout le monde connaît ses ré-
« cents exploits à Dôle. Le voisinage de l'armée prussienne le
« gênait apparemment : il a donc transporté son quartier général
« à trente lieues de l'ennemi, à Autun. Son premier acte a été d'ex-
« pulser les habitants des deux séminaires, d'envahir l'évêché et de
« transformer toutes les églises en casernes, etc. » (*Journ. d'Autun*,
16 Novembre.)

Le *Journal de Genève* du 30 Décembre contient une correspon-
dance suisse d'où nous détachons ce passage : « Les gardes natio-
« naux de Belleville ont eu des *malheurs* ; il se sont fait désarmer
« en partie pour inconduite, immoralité.... et trop de *prudence*
« devant l'ennemi : ceux qu'ils dénonçaient comme jésuites ou
« réactionnaires ont fait preuve de vaillance sous le feu. »

(7)

Nous disons le vote à la commune *dans tous les cas,* parce que le
Gouvernement de la défense paraît avoir la prétention de changer
de son autorité privée notre système électoral. Cependant la commune est une des premières bases de la société, son existence
n'est pas arbitraire comme la circonscription du canton ou du département ; ce n'est ni une création politique, ni une section légale ;

elle a précédé la loi, et là réside ce pouvoir médiateur qui s'interpose entre la faiblesse de l'homme isolé et la force du pouvoir central. Aussi voyez le consulat jeter les fondements du despotisme impérial : quel est son premier soin? Abattre les municipalités et en confisquer toutes les libertés à son profit; l'histoire lui avait appris qu'il ne pouvait atteindre à la dictature, sans renverser cette barrière. Et comme toutes les tyrannies sont sœurs, qu'elles procèdent d'un seul ou de plusieurs, nous voyons de nos jours la même manœuvre, les mêmes tendances.

Lorsque à son début le Gouvernement de la défense nationale hésite encore, dans son inconcevable usurpation, il sent le besoin de s'affirmer par le suffrage universel et de faire nommer une Assemblée constituante. Et de suite il procède comme le Consulat, et supprime de son autorité privée la Commune, en décidant le vote au chef-lieu de Canton. Ces mêmes hommes qui critiquaient naguère, et avec raison, les circonscriptions électorales modifiées arbitrairement par l'Empire, s'empressent, dès qu'ils tiennent le pouvoir, de restreindre d'une manière bien plus grave les droits sacrés du suffrage universel.

La révolution serait-elle réduite à confesser que le droit commun, le suffrage universel vrai, serait sa mort? Ou nos gouvernants pensent-ils comme le citoyen Proudhon que « la république « est au-dessus du vote universel, parce qu'un peuple n'a pas le « droit de ne pas vouloir de la république. (Avril 1849.) »

Au reste, pour ne citer qu'un exemple de l'inconséquence du parti révolutionaire, je rappelle que l'organisation municipale de Paris, telle qu'elle subsistait sous l'empire, et qu'attaquait, non sans raison et si vivement, la partie gauche de la Chambre, cette organisation cependant ne datait ni du second empire ni de la dictature qui l'avait précédée. C'est un décret du Gouvernement provisoire de 1848 qui a dissous le Conseil municipal élu du régime constitutionnel de 1830, et rétabli le maire de Paris avec le nom et les pouvoirs qui rappelaient l'ère républicaine. Les lois du 5 Mai 1855 et du 16 Juin 1859, ne firent qu'homologuer le décret du Gouvernement provoisoire et rendre à la commission municipale le nom de Conseil ainsi qu'au maire de Paris la qualification de Préfet de la Seine, sans rien changer au système autoritaire de l'administration. Avons-nous donc tort de dire en parlant du régime républicain : ne sacrifions donc plus le fond à la forme? En fait de liberté et d'égalité ce régime nous rappelle involontairement la fable du singe qui essaye de partager en deux parties égales un morceau de fromage à deux chats, une moitié devenant, d'une façon ou d'autre, toujours trop grande et l'autre trop petite, il finit à force de vouloir les égaliser par croquer le tout.

(8)

Le décret du 11 Décembre dernier du Gouvernement de la défense nationale, qui mobilise des légions de Gendarmerie, est une des hontes de notre triste époque. Ces corps sont destinés, dit l'instruction : 1o à suivre les armées et disposer les régiments de manière à surveiller et boucher les issues. 2o à arrêter les fuyards et les ramener.... J'ai ouï dire, mais je n'oserai l'affirmer, qu'autrefois en Turquie il existait dans chaque armée en campagne un corps semblable ; mais jamais nulle part, et en France surtout, on a osé décréter une pareille mesure.

Le système républicain, tel qu'on le comprend en France, qui corrode ou détruit tout, qui attaque l'idée religieuse, détruit l'esprit de famille, et conteste la propriété, serait-il donc parvenu aussi à diminuer le courage français? Et comment en serait-il autrement? Depuis 1830, on enseigne aux soldats qu'ils doivent être des baïonnettes intelligentes. On leur a prouvé en 1830, en 1848, et au fatal 2 Décembre que, servir tour à tour à l'émeute ou le coup d'Etat, c'était parfait, à charge de réussir. On a voulu qu'ils fréquentassent les clubs, et y entendissent les diatribes les plus violentes et les plus révoltantes contre la discipline, des injures contre leurs chefs, contre le gouvernement et contre Dieu. Puis pour achever la désorganisation dans l'armée nouvelle, les grades ont été donnés à l'élection. Quant aux grades supérieurs, on a vu des lieutenants et même des avocats ou des hommes de lettres devenir généraux de divison, et commander des corps d'armée. Et nous sommes témoins de ce fait prodigieux de contradiction que le même gouvernement qui, dans beaucoup de cas, ne croit pas nos populations capables de nommer leurs conseillers municipaux ou leurs conseillers généraux, les jugent cependant aptes à nommer leurs officiers et leurs commandants de bataillons, auxquels on remet le soin d'organiser, diriger et conduire au feu mille à douze cents hommes. Des chefs de légion commandant près de trois mille hommes, des colonels commandant deux ou trois légions, sont présentés ou nommés par des sous-préfets ou préfets qui, hier encore, étaient de modestes avocats sans causes ou des journalistes fort obscures. Aussi, si le hasard a donné quelques bons choix, hélas! combien sont regrettables?

Non, certes, le courage français n'a pas déchu, et notre vieille furia française existe toujours; mais ce qui nous manque, c'est l'organisation, des cadres sérieux et des chefs solides. Sans ces conditions pas d'armée possible, pas d'élan, pas de victoire. Voyez les corps de Charette, de Cathelineau! Y rencontrez-vous des fuyards? Voyez l'armée de Trochu et de Ducrot, sauf les bataillons de Belleville et autres démagogues; voyez certains bataillons de mobiles ou de mobilisés, qui se sont si vaillamment conduits.

Examinez-les de près, et soyez sûrs que vous y trouverez de bons et solides officiers. Si dans quelques-uns de ces corps les cadres sortent également du suffrage, c'est qu'ils appartiennent à certaines provinces où les idées dissolvantes d'une égalité impossible ne sont pas encore parvenues. Ces pays ont compris que les hommes qu'ils sont habitués à honorer et à respecter dans leur personne et dans leurs traditions de familles qui, par leur âge ou leurs positions, pourraient s'exonérer de cette rude et dangereuse guerre, sont venus s'offrir pour les conduire à l'ennemi, que ceux-là seraient encore sur le champ de bataille comme dans leur village, leurs guides les plus sûrs et les plus vaillants. Aussi ces chefs-là ne courent pas après les galons, et comme le brave commandant de Caroyan-la-Tour, ils refusent l'avancement pour rester à la tête de leurs braves concitoyens. La confiance, l'honnêteté et l'estime réciproque font toute la force de ces corps. Le suffrage appliqué aux grades de l'armée est le plus absurde, le plus déplorable de tous les systèmes, et le moyen le plus certain de désorganisation. Jamais aucun gouvernement ne l'a tenté, même dans les plus désastreuses époques de l'histoire. Au reste, nos législateurs démagogues ne s'arrêtent pas là, et dans un programme de la Ligue du Midi nous voyons demander l'amovibilité de la magistrature, l'application du système électif à toutes les fonctions. Faut-il s'étonner que déjà un préfet de Valence, je crois, ait fait un menuisier général de brigade, réservant sans doute les trois étoiles pour les ébénistes. Au reste, ce système désorganisateur de nos armées est une des théories des orateurs des Clubs parisiens. Nous lisons dans le compte-rendu d'une séance du 20 Décembre au Club de la Reine Blanche, cette monstrueuse proposition : « C'est une « armée disciplinée qui a capitulé à Sedan ; ce sont des armées « indisciplinées qui ont sauvé la France en 92. Comment veut-on « qu'une France républicaine se laisse asservir à l'esclavage de « la discipline ? » (Applaudissements suivis de quelques protestations.)

(9)

Depuis 1422 à 1643, c'est-à-dire pendant les 221 ans qui s'écoulent du règne de Charles VII à celui de Louis XIV, le terme moyen de tous les impôts du royaume fut de 31 millions 750 mille livres par an, représentant environ le double de ce que cette somme vaudrait de nos jours. Au mois de Janvier 1791, l'ensemble des contributions directes et indirectes s'élevait à 524 millions environ, tandis que sous l'administration désintéressée et philantropique de la république, ces deux espèces de contribution montèrent à un milliard par an. Mais à ce milliard d'origine républicaine et annuelle, il faut ajouter ce que coûta à la France ce système à partir du 22 Septembre 1792, jusqu'au 30 Avril 1804, soit en onze ans. Il faut ajouter, dis-je, 45 milliards et demi d'assignats, 2 milliards 609 millions produit de la vente des biens nationaux, un milliard du mobilier des églises, le bénéfice énorme produit par le *tiers-consolidé* et toutes les confiscations judiciaires de cet heureux temps, nous aurons alors la jolie somme approximative de 80 à 90 milliards ; donc une somme bien plus considérable pour ces onze ans que ne l'avait été celle des impôts de la monarchie pendant 1356 ans, depuis Clovis jusqu'à Louis XVI.

En 1812, le budget de Napoléon ne s'élevait qu'à un milliard, et celui de 1814 à 1830 resta toujours en dessous de ce chiffre, malgré les dettes laissées par la république et l'empire, l'indemnité de guerre et le milliard à restituer aux propriétaires dépossédés. Et quant à la dette publique qui n'atteignait que 63 millions de rentes actives en 1814, qui montèrent à 164 millions en 1830 (dans lesquels sont compris 100 millions qui payèrent l'invasion et les désastres causés par l'Empire) et qui n'atteignait cependant que le chiffre de 176 millions en 1848. Cette même dette publique se trouve arrivé en 1861 à 315 millions. Les dernières années de la monarchie de Juillet virent le budget monter à un milliard et demi de plus, mais 1848 le porta de suite à plus de deux milliards. Que dire des finances du second empire ? C'est apprendre ce que tout le monde sait. Son système de virement, de supplément de crédit seul, produit pour la seule période de 1852 à 1859, le chiffre énorme de 2,622,303,766 francs. Aussi la marche ascensionnelle de la dette fondée en France en 1814, et qui était à ce moment au capital nominal de 1,300,000,000 francs, se trouve être en 1866 de 9,000,000,000. (Je puise ces derniers renseignements dans « *Les Finances de l'Empire, par M. Casimir Périer*. Paris, Michel-Lévy, 1861. »)

Le baron Louis avait coutume de dire à ses collègues : « Faites-moi de la bonne politique, et je vous ferai de bonnes finances. »

La réciproque est d'une vérité non moins rigoureuse, faut-il donc s'étonner que les gouvernements qui nous ont donné une mauvaise politique aient produit de mauvaises et de désastreuses finances ?